読むだけで
幸運が流れ込む

龍神さまの
幸せ言葉
88

SHINGO

光文社

はじめに

はじめまして、作家・龍使いのSHINGOと申します。

本書をお手に取っていただき、ありがとうございます。

本を読むのは時間も労力もかかることです。あなたの貴重なお時間を無駄にしないためにも、できるだけ読み心地の良い本になるよう、心を込めて書きました。ぜひ、最後までお付き合いいただけますとうれしいです。


私は龍と出会ったことで、人生が180度変わりました。私と龍との出会いについては『夢をかなえる龍』（光文社）に書きました。詳細はそちらの本に譲るとして、龍に出会ってから今に至るまで、私は龍からあたたかい言葉を常に投げかけてもらっています。


龍からの言葉は、実際に耳元で聞こえることもあれば、ふとした瞬間に訪れることもあります。また、サインやシンボルの形で目の前に現れることもあります。

私はそれらに込められたメッセージを受け取り、日々の生活に取り入れました。結果、数年前には想像もつかなかった、自由な人生を生きることができています。

この本では、それらの言葉の中から、特に僕に幸運をもたらしてくれたものを88個選びました。
これらを読むだけで——私がそうであったように——あなたの人生にも幸せが訪れることでしょう。

読み終えたら、ぜひ、あなたの身近な場所にこの本を置いておいてください。

迷ったり、悩んだり、元気が欲しいと感じたりしたときは、この本を手に取りましょう。

そして、目を閉じてページをパラパラとめくり、ピンと来たところで手を止め、そのページを開いてください。

そこに書いてある言葉は、あなたに必要な龍からのメッセージです。きっと心にスッと入ってくる言葉が、そこにはあることでしょう。

このように、この本を「おみくじ」や「オラクルカード」のように使うことをお勧めします。


では、なぜ、このような使い方をお勧めするのでしょう？

それは、龍はシンクロニシティ（意味のある偶然の一致）を使って、あなたに語りかけ

はじめに

てくるからです。何気なく開いたページ。それは「偶然」ではなく、龍からの「必然」のメッセージなのです。

あなたにとって大切な言葉だからこそ、龍はあなたにその言葉を与えます。ぜひ、大切に受け取ってくださいね。

この本からメッセージを受け取るたびに、あなたは龍と身近になり、龍からのご加護を受けられるようになるはずです。


実は私は今回、ある目的を持って、本書を執筆しました。

それは「**あなたと龍を仲良しにする**」ということ。

この本は読むだけで、龍と仲良くなってしまう本でもあります。龍と仲良くなると、運気が上昇します。結果として、あなたには理想的な人生が訪れることでしょう。


さあ、準備はいいですか？

幸運が流れ込んでくる心の準備はできましたか？

龍と仲良くなる準備はできましたでしょうか？

『読むだけで幸運が流れ込む　龍神さまの幸せ言葉88』

いよいよスタートです！！

目次

第3章 ドンドン夢がかなっちゃう言葉

第5章　シッカリと龍とつながる言葉　165

ブックデザイン／松田喬史（Isshiki）

第1章

心がホッとして安心する言葉

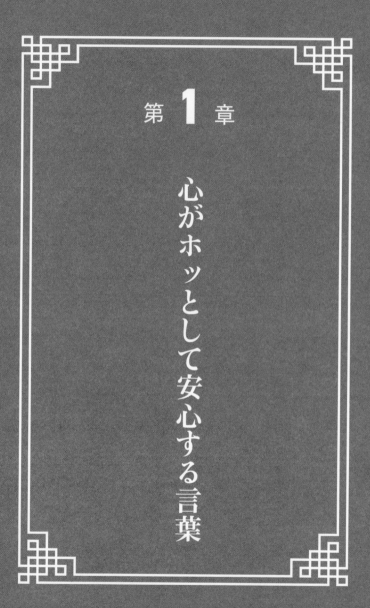

魔法の言葉

1

大丈夫。

あなたは知っていますか？　龍神さまがあなたを見守り、励まし、そして守護してくれていることを。

龍神さまは、すべての人に無条件の愛を注いでくれています。それはまるで、赤ちゃんを見つめる母親の愛情深いまなざしのようです。あなたが自分を責めたり、他人と比較して自信をなくしたりしても、龍神さまはやさしく見守ってくれています。

もしかすると、あなたはまだ、龍神さまのあたたかい愛に気づいていないかもしれません。ですが、どんなときも、どんなあなたであっても、龍神さまはあなたを愛し、「大丈夫」と応援してくれているのです。

「大丈夫」は、あなたを応援する魔法の言葉。

胸に刻み、どんな状況のときでも自分を励ます力として持っていてください。龍神さまが、あなたの道を照らし、あなたの夢を実現するお手伝いをしてくれることでしょう。

龍神さまの願いは、あなたが笑顔で、幸せに満ちた人生を送ることです。だから、どうか自分を信じてあげてください。何も恐れることはありません。大丈夫、あなたは大丈夫なのです。

魔法の
言葉

2

絶対大丈夫。

「大丈夫」と言われても、信じられないと感じることもあるでしょう。しかし、どんな状況でも、本当に大丈夫なのです。それどころか、絶対に大丈夫です。

自分のことが好きじゃなくても、自信がなくても、毎日が大変で苦しい思いをしていても、龍神さまはあなたに「絶対大丈夫だよ」と伝えています。

龍神さまは、あなたに乗り越えられない困難を与えることは決してありません。目の前に立ちはだかる困難は、あなたが乗り越えられるからこそあるのです。

だから、どんなに苦しくても、あきらめる必要はありません。**龍神さまの愛と力が、あなたを導き、あなたの人生を輝かしいものにしてくれる**ので、勇気を出して進んでいきましょう。

あなたは絶対に、大丈夫なのだから。

魔法の言葉 3

ポンコツでもいいんだよ。

幼い頃から、「ちゃんとしなさい」「しっかりしなさい」と言われて育ったあなた。
大人になった今でも、無意識に「ちゃんとしなければ」とプレッシャーを感じているのではありませんか。

そんなあなたに、龍神さまはやさしく語りかけます。
「ポンコツでもいいんだよ」

うまくできなくても、失敗しても、それはあなたの個性です。少し天然なところがあると、それが周囲の心を和《なご》ませることもあります。ポンコツで、いいのです。
だから、あなたはあなたの個性を大切に、自分らしく生きてください。一人ひとりの個性が花開くと、世界はより美しいものになるのです。

龍神さまは、あなたが自分らしく生きる人生を望んでいます。だから、しっかり者じゃなくても大丈夫。ポンコツだって問題ありません。どんな自分も愛して、あなたらしい人生を謳歌《おうか》してください。

魔法の言葉

4

自分のペースでOK。

ときどき、周囲の人がどんどん前に進んでいくのを見て、自分だけが取り残されているように感じることがあるでしょう。そんなとき、焦りの気持ちが湧《わ》いてきて、「自分はダメなのではないか」と落ち込むかもしれませんね。

落ち込むのは無理もありません。でも決して落ち込む自分を責めないでください。

あなたにはあなたのペースがあり、あなたにはあなたのリズムがあるのです。焦ると、かえってうまくいかなくなることも多くなります。自分のペースを尊重してあげてください。**龍神さまは、自分のペースで歩むあなたを応援してくれています**。

それでも焦る気持ちが出てきたら、自分にこう言ってみましょう。

「自分のペースでＯＫ」

自分のペースで、自分らしい人生を歩んでいくことが、最善の道につながっています。

魔法の言葉

5

他人と比べてもいいよ。

他人と自分を比較して、自信を失ったり心が落ち込んだりしてしまうことがありますよね。比較しても仕方ないのだから、他人と比べないようにと無理やり自分に言い聞かせてはいないでしょうか。

しかし、**他人と比較してしまうのは人間の性分**なのです。私たちの脳は他人と比較するようにできています。つい他人と比べてしまうものなのです。そんなあなたも、愛してあげましょう。

龍神さまは、他人と比べて落ち込んでしまうあなたを、やさしいまなざしで包み込んでいます。

あなたが「他人と比べてもいいんだ」と思えるようになるまで、そばに寄り添いメッセージを送っています。ですからあなた自身も、そんな自分を許し、「こんな私もかわいいな」と思ってみてください。

自分を責めずに、前に進んでくださいね。

魔法の言葉 6

龍はいつもそばにいるよ。

龍神さまは、いつもあなたを見守っていてくれます。あなたのことが大好きで、あなたに龍の存在を感じてもらいたいと願っています。

だから、さまざまな形であなたのそばに現れるのです。

たとえば、空に龍雲として現れたり、街中《まちなか》の看板に姿を変えて現れたり、44や888といった車のナンバーで現れたり、神社で風が吹いたり太鼓が鳴ったりすることも、龍神さまからのサインです。

龍神さまからのサインはいたるところに現れます。見逃さないようにキャッチしましょう。いつもキョロキョロして、龍神さまのサインが現れていないか、ワクワクしながら日常を過ごしましょう。

サインを見つけたら、あなたは心の中で「**龍さんありがとう**」と話しかけてあげてください。

すると、龍神さまとの絆はさらに深く濃くなります。

いつでもあなたを見守っていてくれる龍神さまに感謝し、勇気を持って人生を歩んでいきましょう。

魔法の言葉 7

龍はおこらないよ。

「龍神さまにおこられるのではないか」と心配してしまう人がいます。

しかし、どうか安心してください。龍神さまはあなたのことを決しておこることはありません。

あなたの行動をすべて肯定し、いつも応援してくれています。

たとえ**あなたが龍神さまのことを嫌いになったとしても、龍神さまがあなたのことを嫌いになることはありません**。

あなたが龍神さまにおこったとしても、龍神さまがあなたをおこることはないのです。

「逆鱗《げきりん》に触れる」という言葉があります。それは龍の逆さになっている鱗《うろこ》に触れると、龍が激怒し殺されてしまうというわれです。しかし、実際は、龍神さまは逆鱗に触れても、「いいよ、いいよ」と穏やかなままでいます。

あなたが何をしようと、どんな状況でも「大丈夫だよ」と伝えてくれている、**あなたの一番の味方が龍神さま**です。

龍神さまからの無条件の愛を信じましょう。そうすれば、もっとあなたは龍神さまとつながることができます。

魔法の言葉

8

あなたは愛です。

不思議な話かもしれませんが、**あなたはもともと龍神さまと同じ世界に住んでいました。**

その世界は、争いや憎しみのない、すべてが愛で満ちたやさしい世界です。

人間としてこの世に降り立つ前、「魂」だけの存在だった頃、あなたはそんな愛の世界にいました。

そこから、肉体をまとって地球に降り立ったのが今のあなたです。

この世に降り立ったあなたの使命は、この地球世界で、陰と陽という「二元」の世界にいながら、自分自身がもともと愛とひとつであり、すべてとひとつであった「一元」を思い出すこと。それこそが、あなたが生まれてきた意味です。

あなたは愛の存在であることを思い出し、恐れず自分の人生を大切に歩んでください。

龍神さまと共に、あなたの愛の力でまわりの人に幸せを与えていきましょう。

魔法の言葉 9

あなたは光です。

ロウソクの火が他のロウソクに火を移しても消えないように、**あなたが他の人に分け与える愛は、決してあなたからなくなることはありません**。あなたが光をはなち、その光で他人を照らすと、その人も同時に光り輝くのです。

だから、あなたは自分の光を輝かせることに集中してください。**自分らしく生きることだけを心に留めておいてください**。すると、自然とあなたのまわりは光り輝き、あなたの周囲はまばゆい光に包まれることでしょう。そして、あなたの愛は減ることも消えることもありません。あなたの心から滾々《こんこん》と湧き出る泉のように、あなたを癒し、あなたの周囲の人も癒すのです。

あなたは光です。自ら光をはなち、そして自分も他人も幸せにすることができる、素晴らしい力を持っているのです。あなたがその力に気づいたとき、あなたの見るものすべてが光となるでしょう。

魔法の言葉

10

あなたは
素晴らしい。

あなたがお金を持っていても、持っていなくても、あなたが素晴らしいことに変わりありません。

あなたが仕事をしていても、していなくても、あなたが素晴らしいことに変わりありません。

あなたにパートナーがいても、いなくても、あなたが素晴らしいことに変わりありません。


お金、仕事、パートナーは、あなたに付随するものであり、あなた自身ではありません。

あなたが持っているものは、あなたに関連するものであり、あなた自身ではありません。

あなたの肉体ですら、あなたに関連するものであり、あなた自身ではありません。

ではあなたは何かというと、あなたは愛です。**あなたは愛そのもの**なのです。


ですから、あなたはいつだって素晴らしい。自分の価値を疑わないでください。あなたは素晴らしい。龍神さまもあなたの素晴らしさを微塵《みじん》も疑うことなく応援しています。

魔法の言葉

11

ゆるふわでいいよ。

ゆるゆる、ふわふわ。この言葉を口にするだけで、気分が軽くなりませんか。

現代に生きる私たちは、いつも何かと忙しくて、心がカチコチになってしまいがちです。

私たちは本来、もっとゆるゆるで、もっとふわふわしていてもいいはずなのに。

肩の力を抜いて、体も心もゆるませてあげましょう。**ゆるめば、他人にも自分にもやさしくなれます**。

あなたがゆるふわな雰囲気を持つことで、周囲の人々も癒されます。ゆるふわはいい影響をまわりに与えるのです。

だから、ゆるふわでいいんです。ゆるふわであることを恥じることはありません。ゆるふわだからこそ、人を癒せるのです。

龍神さまも、あなたの心を軽くしてあげたいと思っています。ですから、力を抜いてゆるゆるしましょう。もっと力を抜いてふわふわしましょう。ゆるふわでいいんですよ。

魔法の言葉 12

自分を愛して。

龍神さまは、あなたのことを深く、深く、愛しています。

ですから、あなたも自分自身を愛してください。

自分を愛することが難しいと感じる人は、このように考えてみてください。

「龍神さまが私のことを愛してくれているのだから、私も自分自身を愛してみよう」

あなたが自分自身を愛して、大切にしてあげると、龍神さまもますますあなたを愛してくれるでしょう。

自己否定にもメリットがあります。自分を否定すると、他者が愛してくれるのです。それは幼いときに大声で泣いたら、母親があやしてくれたように。

でも自己否定で引き出した愛は、あなたを幸せにはしません。ですから、満足することがなく、自己否定がやめられないのです。自己否定には中毒性があります。キッパリとやめる決意がないと、いつまでもズルズル続いてしまいます。

自己否定は、不幸になったら愛された、という記憶がつくり出す幻です。

実際は、自己否定をしても何も得るものはありません。

自己否定をやめて、自分を徹底的に愛すること。

そこから、世界は変わり始めます。

魔法の言葉
13

ネガティブでもいいじゃない。

龍神さまは、ネガティブな性格なのは決して悪いことではないと言います。

もっとポジティブな人になりたいと思うかもしれませんが、無理にポジティブになろうとする必要はないのです。

なぜなら、**ネガティブな性格の中にも、ポジティブな要素がたくさんある**からです。

たとえば、周囲への気遣いができたり、細かい仕事ができたり、他人にやさしくできたりするのは、ネガティブな性格の人が持つ素晴らしい特長です。


ネガティブでもいいじゃない。

そんなふうに思えたら、自分の中に光が見えてきませんか。


自分の性格を受け入れ、**ネガティブな部分も含めて自分を大切にすること**で、人生はもっともっと豊かで充実したものになっていきます。

ネガティブな自分も、ポジティブな自分も、すべてひとくくりにして自分を大切にしましょう。あなたの本当の魅力に気づいてください。

魔法の言葉 14

失敗してもいいよ。

多くの人は失敗を悪いことだと思っていますが、そんなことはありません。**龍神さまは、失敗は成功以上によいことだと言います**。

失敗することで多くのことを学ぶことができますし、たくさんの情報を手にすることもできます。

あなたがこの世に生まれてきた目的は、「魂の学び」をすることです。一生を通じてさまざまな体験をし学ぶことを、あなたの魂は望んでいます。いわば、魂の学びは、あなたの使命ともいえます。つまり、**失敗はあなたの使命**なのです。そして、失敗からは多くのことが学べます。

「使命」は「命を使う」と書きますね。

失敗は悪いことではなく、むしろ素晴らしい体験です。失敗を恐れず、挑戦を続けることで、あなたは成長し、この世に生まれてきた使命をまっとうすることができます。失敗しても大丈夫。

魔法の言葉 15

「止まってる」んじゃなくて休んでるんだ。

ときどき、やる気が出なくて何も手につかなかったりすることがありますね。そうなると、止まっている自分を責めたくなるかもしれません。ですが、**龍神さまは止まることも必要だと言います**。

私たちは、一度立ち止まらないと現在位置がわかりません。立ち止まることで現状を把握《はあく》できます。現在位置を見失うと気づかぬうちに間違った方向に進んでしまうこともあるでしょう。また、動いてばかりいると疲れてしまい、これから！　というとき進む力が足りなくなってしまうかもしれません。

だから、立ち止まっても大丈夫。焦る必要はありません。

気分が乗らずに動けないときは、止まっているんじゃなくて休んでいるんだと思いましょう。そして、**今は新たな一歩を踏み出すための力を蓄えているんだ**と思いましょう。これから来る未来を楽しみにしておいてください。

そのときのために、力を蓄えリフレッシュしておく時間も必要です。

魔法の言葉
16

自信がなくても大丈夫。

自信があれば何事もうまくいくと思うかもしれませんが、そんなことはありません。
世の中には、上には上がいるもの。努力して自信をつけたとしても、さらに上の人が現れたら再び自信を失うことになります。実は**自信は砂でできたお城のようなもので、つくっては壊れ、つくっては壊れる幻**なのです。

そんな幻に気を取られることなく、自信がないあなたのままで生きていてもいいのです。
無理せず自分らしく生きることが何よりも大切です。

自分らしい生き方をすれば、自信の有無にかかわらず、自分の人生を楽しむことができます。

自信がなくてもいい、自信がなくても大丈夫。
あなたはあなたらしくいれば、それでいいのです。

龍神さまは、大事なのは「**自信よりもあなたらしさ**」だと伝えています。
あなたがあなたらしく生きるとき、幻ではない「本当の自信」が手に入ります。

魔法の言葉

17

逃げてもいいよ。

自分に合わない環境に違和感を持ち、その場所から離れたいと思うことがあります。

そんなとき、その場所から逃げることはまったく悪いことではありません。

自分を大切にする選択をすることが重要です。

苦しんでいる場所から立ち去る勇気を持って、自分自身を幸せにするための行動を選んでみてください。

逃げた先に、あなたにピッタリの環境や新しいチャンスが待っているかもしれません。

人は今の環境を離れたり変えたりすることに罪悪感を抱いてしまいがちです。

ですが、その選択があなたを成長させ、幸せに導くこともあります。

自分を大切にする選択をして何が悪いのでしょうか。

遠慮なく、自分の幸せを追求していきましょう。

自分の心に正直になり、よりよい人生を送るための選択をしましょう。

自分を幸せにすることが、あなたのすべきことです。


龍神さまは言います。

「あなたは悪くありません。逃げてもいいんですよ」

魔法の言葉 18

所詮《しょせん》、すべては遊び。

人生はつらく厳しいものではありません。

たとえ今この瞬間、困難な状況に直面していても、あなたはもっと心を楽にし、穏やかに過ごすことが可能です。

龍神さまは、私たち人間は「**肉体を帯びた魂の存在**」だと教えてくれました。

魂はこの地球で、肉体を持って遊んでいるのです。

ですから、この地球上の出来事はすべてが遊びです。

どんなに困難なことでも、どんな大変なことでも、「所詮、すべては遊び」。

そう思えば、目の前の出来事に対して、過剰に緊張したり、深刻になったりすることなく、ふっと気が抜けるのではないでしょうか。

いつも完璧を目指す人は、自分にも他人にもストレスを与えてしまっているかもしれません。よい意味で、適当にやりましょう。

人生、もっと気楽でいいのです。そのほうが心身のバランスが整い、自分も他人も幸せになれます。

所詮、私たちはこの地球に遊びに来ているだけ。気楽に遊び、自由に生きてみてください。

第2章

ムクムクやる気と元気が出る言葉

魔法の言葉 19

なんとかなる。

絶体絶命のピンチのとき、にっちもさっちもいかなくなって絶望的な気持ちになったとき、龍神さまはあなたの隣でこう言っています。

「なんとかなるよ」

あなたも、心の中で何度も何度も繰り返し言ってみてください。

なんとかなる、なんとかなる、なんとかなる。

言い続けているうちに、冷静さを取り戻し、徐々に心に力が湧いてくるのを感じるでしょう。

すると**不思議なことに、状況が好転し、本当になんとかなってしまう**ことが多いのです。

「なんとかなる」と言い続けると、実際に「なんとかなる」のです。

「なんともならない」と思える状況を、あなたは「なんとかできる」知性と力を持っています。

ですから、あなたはどんな困難でも乗り越えることができます。

自分自身を、そして龍神さまを信じて進んでいきましょう。

魔法の言葉

20

絶対よくなる。

この宇宙は、ビッグバンが起こった遥か昔から今に至るまで、絶え間なく発展し続けています。

宇宙は常に、よりよい方向に向かって進化・成長しているのです。

これと同じように、あなたの人生もかならずよい状況に向かって進んでいきます。

たとえ一時的につらいことや悲しいことがあったとしても、それはずっと続くわけではありません。**時間と共に状況はかならず好転する**でしょう。

本当によくなるの？　と不安な表情を浮かべるあなたのそばで、龍神さまはこう言います。

「絶対よくなる！」

この言葉を信じて、恐れることなく前進していきましょう。前向きな姿勢でいると龍神さまも後押しをしてくれます。

すべてはよくなる。

絶対よくなる。

そんなふうに思えたら、あなたの人生は驚くほど素晴らしいものに発展するのです。

魔法の言葉

21

いえーい!

何かうれしいことがあったら、恥ずかしがらずに素直に言葉と態度でその喜びを表現してみてください。たとえば、他人から褒められたら、「いえーい！」と両手を天に突き上げて思いきり喜びましょう。

あなたはまだ、ご自分の魅力や才能に気づいていないかもしれません。

他人からの**褒め言葉は、そんなあなたの魅力や美点に気づく貴重なヒント**なのです。他人からの褒め言葉を素直に受け取りましょう。

あなたの魅力はますます発揮されていきます。

龍神さまは言います。

「**子どものような無邪気な心を持ちなさい**」

これは、人が幸せに生きるためのとても重要なヒントです。

無邪気になるのは難しいことではありません。さあ、練習してみましょう。

「あなたは素敵ですね」と言われたら、「いえーい！」と元気よく返事をし、喜びを実感しましょう。

そんな無邪気な心で過ごしていると、あなたの人生はきっとさらに輝きます。

魔法の言葉 22

愛してるよ。

龍神さまが教えてくれたもっとも波動の高い言葉は、「愛してるよ」です。

この言葉は、まさに魔法の言葉。

自分に向けて言えば心があたたかくなりますし、他人に向けて言えばお互いに喜びがあふれます。


少し照れくさいかもしれませんが、それだけ「愛してるよ」には大きなパワーがあるということです。

そんなパワーあふれる魔法の言葉「愛してるよ」は、**口にするだけであなたの人生にたくさんの愛をもたらし、喜びを運んでくれる**ことでしょう。


自分に向けて、愛してるよ。

他人に向けて、愛してるよ。

そして龍神さまに向けて「龍さん、愛してるよ」と言ってみてください。

ますます龍とのつながりが深まり、あなたと龍神さまは強い絆で結ばれます。

魔法の言葉
23

ありがとう。

「ありがとう」は、龍神さまが教えてくれた2番目に波動が高い言葉です。

豊かでやさしい世界は、感謝することから始まります。

あなたが現在置かれている状況や、周囲で支えてくれる人たち、そして今あなたが生きていること、あらゆることに、感謝できる点があるはずです。

今この瞬間、あなたは何に感謝したいですか？

それらを探し、見つけることこそ、幸せになるための第一歩です。

反対に、自分にないものばかりに目を向けると、不幸の始まりとなります。

「ありがとう」と、たくさん言える人生にしていきましょう。

感謝できることが増えるほど、あなたのまわりにはますます感謝したくなるような幸運が訪れます。

魔法の言葉

24

応援してるよ。

あなたには、素晴らしい応援団がいます。それが龍神さまです。龍神さまは、あなたのことをいつも応援してくれている存在です。

あなたがどんなに自信をなくしていても、自分を責めていても、悲しみに暮れて毎日泣いて過ごしていても、龍神さまはいつもあなたを応援しています。

あなたが人に弱みを見せることができず、元気なふりをしながら実際には疲弊《ひへい》していても、龍神さまにはすべてお見通し。どんなあなたも応援してくれています。

孤独を感じるときも、あなたはひとりではありません。誰もが、龍神さまといつも一緒にいます。たとえその声が聞こえなくても、「応援してるよ」とメッセージを送ってくれているのです。

その支えに気づいて、遠慮なく力を借りましょう。どんな困難も限界も、あなたなら頼もしい応援団と共に越えていけますよ。

魔法の言葉 25

ひゃっほーい。

あなたが心の底から喜んでいるとき、龍神さまもあなたのそばで一緒に喜んでくれています。

やったね！　よかったね！　うれしいね！　龍神さまの喜びのエネルギーが高まれば、あなたもますます元気になります。

あなたがもしも喜びを抑えてしまったら、龍神さまも思いっきり喜べません。

手放しで喜ぶことを自分に禁止していませんか？　うれしいとき、楽しいとき、あなたはもっと全身で喜びを表に出してよいのです。

「ひゃっほーい」と言葉に出して喜んでみましょう。

はしたないと思うかもしれません。子どもっぽいと思うかもしれませんが、ひゃっほーいと声に出してみると、自然と気持ちが高まるのがわかると思います。**その波動に龍神さまは反応し、ますます運気の上昇気流を起こしてくれる**のです。

そして、まわりの人たちもつられて笑顔になるでしょう。喜びを表現すれば、あなたの波動も周囲の波動も一気に上昇します。遠慮する理由は、どこにもありませんよね。

魔法の言葉

26

おめでとうございます！

この文章を読んでくださっているあなたへ。
「おめでとうございます！」

あなたは今この瞬間、龍神さまから祝福されています。そして、もっと言うなら、あなたは存在しているだけで、いつだって祝福されているのです。息をしていることに、歩いていることに、笑ったり泣いたりしていることに、それらすべてに龍神さまは祝福のエネルギーを送ってくれています。

なぜ、これほど龍神さまはあなたを祝福してくれているのだと思いますか？
それは、**あなたが生まれながらにして祝福された存在だから**です。

祝福された存在のあなたが、かなえたい夢を持っているなら、その夢はすでに祝福されています。
その夢はきっとかないますよ。**夢がかなっておめでとうございます！**

魔法の言葉
27

いける、いける。

龍神さまは、あなたを後押しするのが大好きです。

あなたが元気になって、前向きな気持ちになってくれるよう、全力で後押ししてくれています。

あなたが人生に立ち止まり、もうダメだと思ってしまったときでも、龍神さまはこう言います。「まだいける！　まだまだいける！」

あなたが絶好調で、何事にも意気揚々《ようよう》と取り組んでいるときも、龍神さまはあなたにこう伝えます。「いいね！　いける！　いける！」

あなたが自分に制限をかけて、小さな枠の中に留まろうとしているときにも、龍神さまはあなたに力強くこう語りかけます。

「もっと広い世界に飛び出して！　あなたはもっといける！　いけるよ！」

このように、龍神さまはいつだってあなたを応援し、そして実際に後押しをしてくれています。

だから、**立ち止まるのはまだ早い！**　あなたはまだまだいける。その可能性は無限大です。

広がる世界を目指して、まだまだ進んでいきましょう。

魔法の言葉 28

やっちゃえ！

あなたが自分の使命の道を進みだすと、あるサインが訪れます。

それは、**最高に気分がワクワクする気持ち。そして、同時に恐怖心も感じる**でしょう。

この両方の感情が訪れたら、それはあなたにしかできない使命の道を進みだした証拠です。

あなたが今世でやるべき使命だからこそ、同時に強い恐怖心も感じてしまうのです。

人間が、自分の使命を前にして足がすくんでしまっているとき、龍神さまはこう言います。

「やっちゃえ！　やっちゃえ！」

あまり深刻に考えず、ワクワクする気持ちを信じて進みなよと、ドーンと背中を押しています。

すると、あなたは不思議と前に進む勇気が湧いてくるでしょう。いよいよあなたの使命の道を進むときが来ました。

背中を押してくれる龍神さまの後押しに身を任せて、あなたの使命の道を進んでください。

魔法の
言葉
29

背中を押すよ。

人生には迷いや悩みがつきものです。悩みのない人生などありません。ときには、決断できずに右往左往してしまうこともあるでしょう。

そんなときでも、龍神さまはあなたを見捨てたりはしません。

あなたはいつでも、そばにいてくれる龍神さまの存在を思い出すことができます。**自分の力で前に進めないと感じているのであれば、龍神さまを頼ってください**。

あなたに頼られた龍神さまは、待ってましたといわんばかりに、目を輝かせて「背中を押してあげるよ」とやる気になります。

あなたはいつでも困ったときには龍神さまに、「龍さん、背中を押してください」と頼ることができるのです。

背中を押されたあなたは、**もう自分ひとりの力で進もうとがんばる必要はなくなりました**。

龍神さまと一緒に歩いていきましょう。これまでより楽に、これまで以上に飛躍していけます。どうぞ、未来に期待していてください。

魔法の言葉

30

ワクワクしよう。

あなたが今世でやるべきことは、一番心がワクワクすることです。

ワクワクすることに出会ったら、なるべくすぐにそれに取りかかりましょう。他のことをお休みしてでも、そのことをやりましょう。**ワクワクする気持ちは、あなたが幸せになる道を教えてくれている「心の羅針盤《らしんばん》」**です。

ワクワクすることをしていると、すべてが不思議とうまくいくようになります。

逆にワクワクしないことばかりやっていたら、人生は目的と違う方向に進んでいってしまいます。羅針盤が指し示す方向とのギャップに苦しむことになるでしょう。そんな人生は送りたくないですよね。

ですから、**ワクワクしないことはできるだけあなたの人生から排除してください**。

いつからでも、最高の人生はつくれます。その秘訣は、一瞬一瞬をワクワクで満たすこと。それが最高の人生を歩む確実な方法です。

魔法の
言葉
31

サボっちゃえ！

「サボってもいいよ」と言われると、真面目なあなたは心がざわついてしまうかもしれません。

でも、もし「義務だから」「締切があるから」と、仕事のせいでワクワクすることに時間が使えないのなら、思いきってサボってください。

仕事を休んででも、ワクワクすることを優先しましょう。

「やりたいことのために仕事をサボるなんてとてもできない！」

と、あなたは思うかもしれません。

でも、龍神さまは「サボってもいいよ」と言っているのです。だって**その仕事は、あなたを幸せにする仕事ではない**のだから。

あなたを幸せにする仕事は、他にあります。それは、ワクワクすることの延長線上にあります。ワクワクを追求すれば、私たちは幸せになるようにできているのです。遠慮なんていりません。心の羅針盤を信じてくださいね。

魔法の言葉 32

奇跡は起こるよ。

この世の秘密をひとつ、お教えしましょう。それは、**シンクロニシティでこの世界は成り立っている**ということです。

シンクロニシティとは、意味のある偶然の一致を意味します。あなたの望みは、信じられないような偶然の一致が積み重なることでかなっていくのです。まるで奇跡のようなストーリーが展開されていくのが人生です。

一方で、奇跡が起こらない人生を送る人もいます。それは、「私には奇跡が起こらない」と信じながら生きている人です。そういう人の場合、この世は自分が信じていることが現実になるようにできています。ですから、「奇跡が起こらない」と信じれば、奇跡は起こらないのです。

奇跡を起こすのは龍神さまの役割です。龍神さまがあなたの人生を、奇跡だらけにしてくれます。**「奇跡は起こる」と信じている人は、たくさんのシンクロニシティを経験して、望みをかなえていきます**。「奇跡が雪崩《なだれ》のように次々やってくる」と信じている人は、奇跡だらけの日常が当たり前になり、次々と望みをかなえていきます。

あなたはどんな人生を歩みたいですか。奇跡は起こると信じた瞬間から、龍神さまが味方して、あなたの人生に素敵なシンクロニシティが起き始めることでしょう。

魔法の言葉
33

今はサナギの期間。

人生には、前に進んでいないように感じる期間があります。それは、立ち止まっているのではなく、「サナギの期間」なのです。青虫が美しい蝶になるには、必ずサナギにならなくてはなりません。美しい羽を広げるには、じっと動かない期間が必要なのです。

他人と比べて自分だけが前に進めていないと感じるかもしれませんが、焦る必要はありません。

前に進むためのエネルギーを蓄える大切な期間です。

あなたにも同じように、立ち止まってじっと動かない期間が必要です。それは、**後に素晴らしい飛躍をとげるために必要な期間**です。ですから、美しい羽を広げて飛び立っていく未来を楽しみにしておいてください。

今は焦ることなく、安心してくつろいでいてください。

その間、龍神さまがあなたをあたたかく包み込み、必要な栄養を与えてくれているイメージを思い描きましょう。栄養をたっぷり吸収したあなたが、美しい羽を広げて飛び立つ瞬間はもう、すぐそこです。

魔法の言葉

34

本来の自分を取り戻そう。

あなたは今、本来の自分を生きている実感がありますか？

もし、日常的に我慢や心労が多いのであれば、本来の自分から外れた生き方をしているかもしれません。

あなたが悪いと言っているのではないです。あなたは、愛と光の素晴らしい存在として生まれてきたのですから。

にもかかわらず、その光がかすんでしまっていると感じるなら、それは本来の自分の生き方ができていないからです。**日常的に我慢や心労が多いと、魂はなかなか喜びを感じることができません。**

あなたは本来の自分を生きていますか？　そうでないと感じるならば、今からでも本来の自分を取り戻しましょう。そのための勇気と力を、龍神さまはあなたに与えてくれます。

本当の喜びで、全身を満たしてあげましょう。特別なことではありません。あなたにだって、いつからだって、かならずできます。

魔法の言葉
35

運命は変えられる。

「自分の人生なんてこんなものだ」

「自分の人生はたいしたことない」

と、寂しい言葉を自分に言い聞かせて、人生をあきらめていませんか？

もし、そう思っているなら、それは大きな間違いですよ。

人生は何歳からでも変えることができますし、運命はいつからだって変えることができます。


死ぬときに後悔しない生き方をしましょう。死ぬときに「私の人生はたいしたことなかった」と暗い気持ちで振り返りたくはありませんよね。

せっかく生まれてきた自分の命を、後悔なく生きるために、今こそ行動していきましょう。過去のトラウマも、今いる環境も、あなたを縛ることはできません。**あなたはいつからでも、どんな未来に進みたいかを自分で選ぶことができる**のです。

そしてその背中を、龍神さまは力強く押してくれます。どんな運命を進んでいくかは、いつからだって、自分の好きなように変えていけるのです。

魔法の言葉

36

さぁ、もうひと花咲かせよう。

あなたが今、20歳であっても、40歳であっても、60歳でも80歳でも関係ありません。

いつからだって、あなただけにしかない花を咲かせることができます。

あなたの花は、何度でも咲くことができるのです。

キラキラ輝いていたあのときのように、見るものすべてが美しかったあの頃のように、
さぁ、もうひと花咲かせましょう。


何かを始めるのに、遅すぎるということはありません。気づいたときが最善のタイミングです。

でも、いつまでも先延ばしにしておけるほど人生は長くもありません。時間は確実に過ぎていきます。今からすぐに始めましょう。


ひとりの力では難しい、というのであれば、遠慮なく龍神さまの力を借りてください。

「**龍神さま、私の人生、もうひと花咲かせてください！**」とお願いしてみてください。


まだまだあなたは花を咲かすことができる！　さぁ、もうひと花咲かせましょう。

第3章

ドンドン夢がかなっちゃう言葉

魔法の言葉

37

龍にお願いして
いいんだよ。

龍神さまにとっての一番の喜びは何だと思いますか？
それは、あなたの願いをかなえることです。**龍神さまは、常にあなたを助けたいと思って、あなたに目を向けています。**

ところが、あなたが龍神さまに願い事をするのは失礼なんじゃないかと遠慮していると、龍神さまは手を差し伸べることができません。龍神さまはあなたにもっと願いを聞かせてほしいと思っているのです。

どんな小さなことでも構いません。どんなくだらないことでもＯＫです。

ささいなことから特別な願いまで、あなたの心に芽生えた願いを龍神さまに話してみてください。何でも龍神さまに打ち明けてください。

龍神さまはあなたが幸せになることを祈っています。
龍の力を借りて、人生を龍の如く上昇させていきましょう。

魔法の
言葉
38

自分ができること をしよう。

夢をかなえている人たちは、一瞬にして夢をかなえたように見えるかもしれません。でも、実際には自分ができることを少しずつ積み重ねてきた結果、夢をかなえることができただけなのです。

夢をかなえることが苦手な人は、一気にかなえようとしがちです。でも、夢は一瞬でかなうものではありません。

自分にできることをコツコツと続けることが、もっとも夢に近づいていける方法なのです。

ポイントは「自分ができること」です。

難しいことを無理してやろうとしても、なかなか続きません。自分ができることをやるからこそ、コツコツと続けられるのです。

龍神さまはコツコツタイプがお好き。コツコツやる人に、ドカン！　と大きな奇跡を与えてくれます。

たとえ理想と現実にギャップがあったとしても、自分を否定したり、責めたりせず、自分のできることを淡々とこなしていく。そうすることで、夢をかなえる龍神さまの流れに乗れるのです。

魔法の言葉

39

「神」とは
アウトプット。

「神」という漢字をよく見てみてください。

「示す」の偏《へん》と「申す」という旁《つくり》でできていますね。

「示す」とは外側に表すこと、「申す」とは自分の気持ちを表すことを意味します。

つまり、**「神」という漢字は、「外側に表すこと」という意味でできている**のです。

アウトプットすること、**自分の気持ちを他者に表現して想いを誰かに伝えることで、神は降臨する**のです。

自分の世界に閉じこもっていても、なかなか夢はかないません。

夢をかなえるためには、積極的に自分の想いを他の人に伝え、応援してもらうことが大切。

あなたの夢をどんどんアウトプットして、自分の想いを広く伝えていきましょう。

魔法の言葉40

かなっちゃいましたー!

夢をかなえるには、すでに夢をかなえた状態の自分をイメージすることがとても大切です。すでにその夢をかなえた自分として生活し、その感覚を味わえば、現実になる可能性が高まります。

一方で、かなえたい、かなえたいと思っているうちは、「今はまだかなっていない」という現状に焦点が合っているため、その状態を引き寄せてしまいます。

あなたの目の前には、もうすでにかなっている現実と、まだかなっていない現実の両方が存在しています。これをパラレルワールドと言います。

複数あるパラレルワールドの中からどの現実を選ぶかは、あなた次第です。選択したものが、現実になっていくのです。

もしも、**夢がかなった現実の世界を選択するなら、予祝《よしゅく》をしましょう**。予祝とは、かなった現実をあらかじめ祝福することで、より強く引き寄せる効果が期待できるものです。

予祝するなら、この言葉を唱えてみてください。

「私の夢はかなっちゃいましたー！」

魔法の言葉

41

龍の背中に乗らないかい？

龍神さまは常に、あなたの目の前を飛んでいます。龍はあなたにチャンスという幸運をもたらすことで、あなたを理想の未来に連れていくのです。

あなたが望めばいつだって龍神さまの背中に乗って素晴らしい人生を送ることができるのです。

ですが、多くの人が、龍がチャンスを与えても尻込みしてしまって、そのチャンスを活かせません。そして後々になって後悔してしまいます。龍神さまも残念そうな表情です。

お互いに残念な気持ちにならないためにも、あなたは龍神さまが飛んで来たら勇気を出して背中に乗りましょう。チャンスを逃さずつかむのです。チャンスが来たら逃さないように、えいっ!!　と乗れるよう準備しておいてくださいね。


龍神さまはあなたを応援したいと思っていますが、同時に**あなたが本当にその夢をかなえたいと思っているのか試す**こともあります。間違ってあなたがつらい道に進まないために、確認をとりたいのです。

ですから、本当にかなえたい望みなら、尻込みしないで、えいっ！　と龍神さまのお誘いを受けるようにしましょう。

魔法の言葉

42

「行動」は龍への注文用紙。

龍神さまは、あなたが本当にそれをやりたいのかどうか、常に気にかけています。ですからあなたは、龍神さまにわかりやすいように願望を伝える必要があります。

その方法とは、**心の中で思うだけでなく態度に表す**ことです。

理想の未来に向けてできることを、あなたがひとつでもふたつでも行えば、龍神はそれをしっかり見ています。そして、「本当にこの道に進みたいんだな」と理解して、その未来へ連れていけるよう最大限の応援をするのです。

ですが、**あなたが心の中で願うだけで、なんの行動も起こさなければ、龍神さまはあなたの本心は「夢をかなえたくない」のだと判断して、後押しをやめてしまう**のです。

つまり、行動することこそが龍神さまにあなたの気持ちを伝える最良の手段！

行動は、あなたの願いを確実に龍にオーダーする注文用紙なのです。

魔法の言葉 43

11：11を見たら「いけいけ！」

龍神さまは、とてもわかりやすい方法であなたにサインを送っています。

中でも、一番わかりやすいのはゾロ目です。

ゾロ目とは、同じ数字が並んでいることで、特にデジタル時計の数字がわかりやすいでしょう。

もし、11：11のゾロ目を見かけたら、それは龍からのサインだと思ってください。

数字の１が意味するサインは「前に進め」です。それが４つも並んでいるときは、「とにもかくにも前に進め」という意味になります。

龍神さまは11：11のゾロ目を通じて、「前に進め」「どんどんやりなさい」と伝えているのです。この時刻を見かけたあなたには、人生が変わるタイミングが迫ってきています。

また、**11月11日も最高のサイン**です！　ぜひ、この日からあなたの夢をスタートさせましょう！

心に秘めていたやりたいことを実現する絶好の機会は、もう目の前。

龍神さまが送ってくれる１１１１のＧＯサイン！　恐れず進んでいきましょう！

魔法の言葉

44

とりあえずやってみよう。

夢をかなえたいと願っているあなたが、実現するための正しい方法がわからないのは当然です。

もし正しい方法がわかっていたら、夢はすでに現実のものとなっているはずですから。

だから、夢がかなう前は、夢をかなえる**正しい方法がわからなくて当然**なのです。

では、どうすれば夢をかなえる方法がわかり、実現することができるのでしょうか。

その答えは、「とりあえずやってみる」ことです。

失敗を恐れずに、とりあえずやってみることが大切なのです。

答えは、体験の中にしかありません。失敗と成功を経験しながら、知識と知恵を身につけることこそが、夢をかなえるための最短の道です。

ただ、多くの人が「傷つきたくない」「失敗はみっともない」という恐れから、「とりあえずやってみる」ことができません。無用の「プライド」があなたの人生を止めるのです。

逆に言えば、プライドを捨てさえすれば、成功は簡単に手に入ります。

恥ずかしがらずに、失敗を恐れずに、とりあえずやってみましょう！

魔法の言葉

45

下手なうちから世に出そう。

多くの人が、上手になってから他人に披露しようと思っています。でも、**誰だって最初は素人で当たり前、下手で当然**なのです。

下手な人が上手になるためには、下手なうちから人前で披露することがもっとも有効です。完璧になってから他人に見てもらおうと思うと、一生見てもらうことができないまま時間だけが過ぎていきます。

何かを成しとげた人は、未熟なうちから自分の考え方や作品を発展し、自分の世界を確立していきました。

つまり、下手なうちから世の中に出していくことが一番上達する方法なのです。

一方で、上達してから出そうとする人は、一生下手なままで終わってしまいます。

やりたいことがあるなら、下手なうちからどんどん世に出していきましょう。そのうち上達し、誰もが認める技術や能力を手にすることができますよ。あなたの才能は、外に出してこそ開花していくのです。

魔法の言葉

46

追い風を
吹かせるよ。

龍神さまは、あなたが一生懸命努力していることを誰よりも見ていて、知ってくれています。

でも、だからといってすぐに結果を見せてくれるわけではありません。

龍神さまが後押しの風を吹かせてくれるのは、あなたの準備が整ったとき。変化に耐えうる準備が整ったときです。

龍神さまから応援されるようになると、今と生活が一変してしまいます。

そのための準備が整っていないうちは、あえてタイミングを見計らっているのです。

ですから、**もしもまだ風が吹いていないように感じるのであれば、あなたにはまだやるべきことが残っている**のでしょう。

最良のタイミングは、これからやってきます。

そのときのために、一歩ずつ前進しておいてください。ベストなタイミングでかならず追い風がやってくることを信じて、焦らず行動し続けましょう。

魔法の言葉

47

やらない後悔より、やった後悔をしよう。

あのとき挑戦しておけばよかった……という後悔は、一生つきまといます。

一方で、挑戦したけれど失敗してしまったという後悔は、あなたの魂の成長として、よりよい未来へつながっていきます。

つまり、やらなかった後悔は自信を奪い、やった後悔は自信を与えてくれるのです。

同じ後悔でも、選択した方向によって人生が大きく変わります。

だから、あなたの人生でこの先やるかやらないか迷ったときは、どうか「やること」を選んでください。

失敗しても、その後悔は長く残ることはありません。

むしろ、よい経験として次につながる貴重なデータになります。

さらに言えば、失敗が次へのデータになるわけだから、厳密には、**「やった後悔」というものは存在しない**のです。

魔法の言葉 48

嫌われても大丈夫。

あなたが勇気を持って夢に向かって進み始めると、きっと周囲から羨望《せんぼう》や嫉妬《しっと》のまなざしで見られるでしょう。

やりたいことをあきらめて我慢している人が多いので、夢に向かうあなたが羨ましくなるのです。

周囲の反応が変わり、落ち込むこともあるかもしれませんが、あなたはそこでアクセルをゆるめてはいけません。

自分自身を信じて前進してください。

龍神さまは、あなたが自分自身を信じてやりたいことを実現するのを応援します。

この世界には70億人以上の人々が生きているのです。ですから、**たった数人から嫌われたとしてもなんの問題もありません**。

龍神さまがついているのだから、大丈夫です。

嫉妬されようが批判されようが、あなたは自分自身を信じて進んでください。

魔法の言葉 49

愛をはなとう！

龍神さまから「愛こそすべて」という言葉を教わりました。

愛はもっともパワフルなエネルギーです。愛があれば多くのことが解決できます。
しかし、**人間は愛以外のもので問題を解決しようとしがち**です。

つまずいたり苦しんだりしたときは、自分の内にある愛を思い出してください。
幸せや豊かさを得たいのであれば、他の人に愛を与える行動を取ってみてください。
愛を求めるのではなく、自分から愛を与える人になってください。

愛を与えると、感謝やお金、幸せな人生が返ってきます。愛がすべての問題を解決し、
あなたと他人をつなぎ、あなたの人生に調和をもたらします。

愛こそすべて。あなたの人生をよりよいものにする源です。
あなたの中にある無限の愛を、世界中にはなってください。

魔法の言葉

50

付き合う人を変えよう。

人生を変えたいのであれば、まずは環境を変えましょう。

あなたの考え方や行動は、付き合っている人たちからの影響を受けています。

何かの技術を習得するときに、上手な人たちと練習するのか、あまり上手ではない人たちと練習するのかで、習熟の度合いは異なってきます。それだけ環境というものは大切です。

環境こそが、あなたの能力を引き出す鍵なのです。

もしもあなたが今、理想の現実を生きていないと感じているのであれば、理想を実現している人たちに会いに行きましょう。

すでにかなえている人たちの雰囲気や考えに触れることで、あなたの潜在能力は大きく開花します。

自分を変えるだけではなく、付き合う人を変えることも、人生を変える近道なのです。

魔法の
言葉
51

ドラゴンポイントが来るよ。

がんばっても、がんばっても、報われないと感じているあなたへ。

人はがんばった分だけ成果が出ると思いがちですが、実はがんばってもすぐには成果は出ません。

成果とは、ある日突如として、急激な変化として現れます。これをドラゴンポイントと言います。

急に訪れる変化は、龍神さまの計らいなのです。

龍神さまは誰にでもドラゴンポイントを与えるわけではありません。

できることをコツコツやって、結果が出なくてもコツコツやって、なんの変化が出なくてもコツコツとやり続けた人に、突然信じられないような結果をもたらしてくれます。

龍はすべての人にドラゴンポイントを与えたいのに、与える前にやめてしまう人が多いのです。

継続は力なり。**継続はドラゴンポイントをたぐり寄せる力**になります。

続けた人にしか見ることのできない景色を見に行きましょう。

魔法の言葉

52

なんでかなっちゃったんだろう？

あなたにかなえたい夢があるのなら、それがかなう前から、
「なんでかなっちゃったんだろう」
と、心の底からうれしく思ってみてください。

現実に起こる現象に大きな影響を与えているのが潜在意識。
この**潜在意識は、過去形の言葉で語ることで変化する**という特徴を持ちます。

たとえばあなたが歌手になりたければ、「なんで私、歌手になっちゃったんだろう」と喜んでください。
ヒーラーになりたければ、「なんで私、売れっ子ヒーラーになっちゃったんだろう」と喜んでください。

すると**潜在意識が、すでにその夢がかなった状態だと勘違いし、その通りの現実を引き寄せようとしてくれる**のです。
「なんでかなっちゃったんだろう？」は、夢をかなえる魔法の言葉なのです。

魔法の
言葉
53

怖いはGO!

理想的な人生を生きる方法はとてもシンプルです。

ワクワクすることにチャレンジしましょう。ワクワクすることを追い求め、心から楽しいことを選んでいけば、おのずと成功への道を切り開くことができます。

しかしその道は、同時に恐怖心を感じさせるものでもあるのです。

人は未知のことに対して、それがポジティブであってもネガティブであっても、恐怖を感じるようにできているのです。これはもう、仕方がないこと。成功を約束された道に進むときほど勇気が必要になってきます。

ですが、怖さを乗り越えたその先にあるのは、あなたの使命や真の豊かさ。

あなたが夢見る、豊かな未来が待っています。


ワクワクと同時に怖さを感じたら、それはチャンスだと思ってください。

「怖い」と感じるときこそ、前に進む。「怖いはGO」です！　今までの自分を振り切り、新しい自分に踏み出すのです。

怖いはGO‼　怖いはGO!!!　龍神さまは恐怖の先にギフトを用意しています。

第4章

みるみる金運が上がっちゃう言葉

魔法の言葉

54

金《きん》運《うん》龍《りゅう》如《じょ》爆《ばく》上《じょう》。

龍神さまは、あなたの人生に金運をもたらします。しかも、「爆上がり」といえるほどの圧倒的な金運です。

お金は、あなたが人生をより幸せに、より自由に生きるための道具です。**龍神さまはあなたの幸せを願っているので、金運を授けたいと思っています。**

そんな龍神さまのエネルギーを宿《やど》した、お金を呼び込む魔法の言葉を教えましょう。

「金運龍如爆上《きんうんりゅうじょばくじょう》」

これを**一日に3回唱えてください**。

すると、龍神さまがあなたに驚くほどの金運をもたらすでしょう。

金運龍如爆上は最強の金運アップの言葉です。

魔法の
言葉
55

幸運が龍に乗って流れ込みます。

龍がもたらす幸運は、いつもどんなときでもあなたに大量に降り注いでいます。
まるで大きな川の流れのように、次から次へとあなたに流れ込んでいるのです。

あふれるほどの幸運を受け取れるかどうかは、あなたの気持ち次第。
「私は龍神さまの愛を受け取るんだ」と、あなたが意図しさえすれば、すべての幸運はあなたのものです。
遠慮せず、川の流れのようにやってくるたくさんの幸運を受け取りましょう。

そのための一歩は、「**すべてを受け取る**」と意図すること。そして、実際に運が訪れる前から、龍に感謝をしましょう。流れは「流《りゅう》」。「流」は「龍」であり、龍は流れを司《つかさど》ります。

「**龍さん、幸運をありがとう。私は幸せになりました**」

このように言うだけで、あなたの幸運は約束されます。
あなたには幸運が龍に乗って流れ込みます。

魔法の言葉
56

お金に素直になろう。

「お金が欲しい」

そう願う人は多いと思いますが、その気持ちは同時に罪悪感や羞恥心《しゅうちしん》も抱かせます。

お金は卑しいもの、汚いもの。

そんな思い込みが、お金への感情を複雑にさせてしまっています。


ですが、お金は決してネガティブなものではありません。

お金はあなたに豊かさをもたらす、素晴らしいものです。

あなたの人生を彩りあるものにしてくれるものだから、龍神さまもあなたにお金を渡したいと思っているのです。


複雑に考える必要はありません。お金が欲しいと感じているならお金に対して素直になりましょう。

罪悪感や恥ずかしさは横に置いて、ストレートに「**龍さん、お金ください**」と龍神さまに願いを叫んでみましょう。

そんな素直な願いに、龍神さまは応えてくれます。

魔法の言葉
57

金運が上昇する「アプリ」

金運が上昇するアプリがあります。

このアプリをあなたの中にインストールしさえすれば、金運は爆上がり間違いなしです。

「アプリ」とは次の3つの言葉の頭文字です。

【ア】ありがとう：「ありがとう」と言って他の人からの愛情を存分に受け取ってください。

【プ】プレゼント：受け取った愛情を他の人にどんどん渡して、人のためにお金を使ったり、人のためにエネルギーを与えてください。

【リ】龍：龍の置物を飾ったり、龍のお守りを身につけたり、龍のシールをスマートフォンに貼ったりして、常に龍が目につきやすいようにしておきましょう。

まとめると、**愛情をありがとうと言って受け取り、プレゼントして与えて、そして龍の力を借りて金運を上げていく**のが「アプリ」の魔法です。

ぜひ金運が上昇する「アプリ」をあなたの中にインストールしてください。

魔法の言葉

58

お金は愛。

お金は愛です。誰かのやさしさが循環することで、お金が生まれます。愛の循環こそがお金の循環なのです。

しかし、多くの人がお金に対して否定的な印象を抱いてしまっているのも事実。お金を否定していると、お金に恵まれた人生はやってきません。

お金に対してよい印象を持っている人がお金持ちになり、悪い印象を持っている人が貧乏になる。これが「お金の法則」です。お金にだって感情があり、自分のことを好きでいてくれる人の元に集まりたくなるのです。

ですから、お金に集まってきてほしければ、「お金は愛だ」ということを知り、お金に対する印象をよくしていきましょう。

すると、あなたは「お金を受け取ってもいいんだ」と自分に許可することができ、幸せなお金持ちへの第一歩を踏み出すことができます。

魔法の言葉 59

一粒万倍日《いちりゅうまんばいび》に龍に願いをはなとう。

一粒万倍日とは幸運をもたらす吉日のことです。

一粒の種モミが生長し何万倍ものお米となるように、この日に始めたことは、後々素晴らしい結果をもたらすといわれています。


龍神さまは、あなたが本当に望むことを応援しているので、**一粒万倍日に願ったことはかならず聞き入れてくれます**。


龍にお願いすると、最初は小さなことがかないますが、そのうちどんどんかなっていきます。

まさに、龍のパワーは一粒万倍。最小の力で、最大の結果をもたらしてくれます。そう、一粒万倍日は、実は「**一〝龍〟万倍日**」なのです！


龍のエネルギーであなたの人生を万倍にも輝かせましょう！

そして、あなたには、万倍、万倍、喜びに満ちた、幸せな人生が待っています。

一粒万倍日には、あなたが抱く夢や願い、想いを、龍に向けてはなちましょう。

魔法の言葉60

天《てん》赦《しゃ》日《にち》は龍が
すべてを赦《ゆる》す日。

天赦日とは、一年に5、6日しかないとても貴重な開運日です。この日は、天がすべてを赦す日で、何事もスムーズに進みやすい日とされています。天と地をつなぐと言われている龍神さまも、あなたのことを赦します。

あなたはあなたのやりたいことを、自分で禁止している可能性があります。

旅行に行きたい。でも、仕事があるからダメ……。お金が欲しい。でも、才能がないからダメ……。かわいくなりたい。でも、もう歳だからダメ……。

こんなふうにあなたがあなたのことを禁止していると、なかなか人生は前に進みません。

天赦日はそんなあなたを龍神さまが赦します。旅行に行っていいよ。お金をもらってもいいよ。かわいくなっていいよ。龍神さまが赦しているのだから、胸を張って歩んでいきましょう。もし失敗しても、龍神さまがあなたを赦してくれます。批判されても、龍神さまがあなたを赦してくれます。

龍神さまがすべてを赦してくれる天赦日にあなたのやりたいことをスタートしてみましょう。うまくいってもいかなくても、龍神さまがやさしくあなたを赦してくれます。

そんな貴重な開運日を活用して、あなたの願いをかなえるチャンスをつかんでください。

魔法の言葉

61

龍の置物を置くと全部うまくいく。

龍神さまは、龍の形をした置物があると、その場所に寄りつきたくなります。

そして龍の置物を置いてくれる人のことを大好きになります。

つまり、龍の置物をあなたの身近に置くことは、龍を近くに招き入れるのと同じことなのです。


龍神さまのお顔は家の内側を向くようにして、龍のエネルギーが家の中に入ってくるように置きましょう。龍神さまは喜んであなたのご自宅に入り、ぐるぐるとエネルギーを循環させてくださいます。


龍の置物には毎日水をあげてみてください。

すると、あなたは一日中元気で活力にあふれた日々を過ごせるようになるでしょう。

さらには、金運もアップし、人生が大きく飛躍するのを実感するはずです。

龍の置物は、できれば9体揃えるのがベスト。

最初は1体からでも構いませんが、仲間が集まれば龍神さまはより一層喜んで、あなたを後押しします。

ぜひ、龍の置物を飾って、自分自身に幸運をもたらしてください。

魔法の言葉

62

金色の財布を使うとお金がジャンジャン入ってくる。

お財布は金運を上げることができる大切なアイテムです。**お財布の中身がその人の収入を決める**といっても過言ではありません。正しい使い方をすることで、誰でも簡単に金運を上げることができます。

金運を上げたければ、金色のお財布を使うことがおすすめです。

お金は「金《きん》」。金色の財布を使うことで、同じエネルギーのお金が寄りつきやすくなります。

お金以外のものを入れてしまうと、お金の流れが鈍ってしまうので、お金とクレジットカード以外は入れず、レシートやポイントカードなどは別で管理するようにしましょう。

常に整理整頓して、スムーズにお金を引き寄せるアイテムにしてください。

財布を上手に使いこなすことができれば、金運を制することができます。

魔法の
言葉
63

龍さん、
お金ください。

お金が必要なのに、それを欲しいと言えないとき、龍神さまはあなたにお金を与えません。

なぜなら、龍神さまはあなたが望んでいないことはかなえられないからです。

龍神さまにお金をお願いして、バチが当たらないか？

そのようなことを考えなくても大丈夫。

龍神さまはあなたの願いをなんでもかなえてくださいます。

逆に、あなたが遠慮してしまうと、龍神さまも身動きが取れません。

だから**お金が必要なら、素直に龍にお願いしてみてください**。

龍に真剣な気持ちを伝えると、龍は喜んであなたを助けてくれます。

「龍さん、お金ください」

このように言うと、予想だにしなかったミラクルが起き、臨時収入があるでしょう。

また、意外な形でお金の流れがやってきたりするでしょう。

魔法の言葉 64

成功を求めず、成長を求めよう。

成功したいと願う人は、なかなか成功できません。

成功を求めると、無意識に失敗を恐れるからです。

成功を求めると、失敗を恐れます。失敗を恐れると、行動できません。行動できないと、成功できません。実にシンプルです。


一方で、成長を求めている人は成功します。

成長を目的としている人は、失敗ですら成長の糧《かて》になると捉えることができる人です。

つまり、**成長を求めると、失敗を恐れなくなる**のです。

成長を求めると、失敗を恐れません。失敗を恐れないと、行動できます。行動できると、成功できます。実にシンプルです。


あなたが経済的に成功をおさめたいなら、成功を求めないようにしましょう。

大切なのは、失敗の経験を学びと捉える、成長したいという気持ちなのです。

魔法の言葉
65

お金さん、ありがとう。

言葉には力があると言われています。

私たちが口にする言葉は、現実をつくり出す力を持っているのです。

たとえば、「お金がない」と言い続けていると、脳がそれを受け入れ、お金がない状態が現実となってしまいます。

ただ、無闇に「お金がある、お金がある」とつぶやいても、ちょっと無理があります。

そんなときにおすすめなのが、「お金さん、ありがとう」という言葉。「ありがとう」と言えば、お金があることを認めたことになります。「お金さん、ありがとう」と感謝をすると、お金がある現実をつくり出すことができます。

この世界は私たちの意識次第で変化します。言葉や想いが現実を形成するのです。だからこそ、**口ぐせを変え、感謝の気持ちを持つ**ことが大切。

そうすることで、ポジティブなエネルギーが生まれ、豊かさを引き寄せることができます。

まずは今日から、「お金さん、ありがとう」と感謝してみてください。

やがてあなたの現実は、豊かな方向へ舵《かじ》を切っていくでしょう。

魔法の言葉

66

自分の喜びにお金を使おう。

あなたは自分のためにお金を使えますか？　もし、家族や周囲の人には使えるけど、自分には使えないというのであれば、もっと自分にやさしくして、自分にお金を使いましょう。

まわりの人々を優先しすぎて、**自分自身のためにお金を使わないと、自分のエネルギーがどんどん減って、しまいには枯渇《こかつ》してしまいます**。

あなたのがんばりはとても素晴らしいことです。ですから、もうそろそろ、自分を甘やかしてもいいのです。がんばってきた自分のために、お金を使うことを許してあげませんか？　自分に「ごほうび」をあげましょう。

自分の喜びにお金を使うと、自分自身のエネルギーが上がり、まわりの人たちにもその波動が伝播《でんぱ》していきます。**自分にお金を使うことは、他人を幸せにすることでもある**のです。

自分自身の喜びのためにお金を使うことは、悪いことでもわがままなことでもなく、幸せの中心に置くべき行為です。

誰にも遠慮する必要なんてありません。

自分のためにお金を使いましょう！

魔法の言葉 67

お金を受け取っていい。

お金は常にあなたのまわりを流れています。手を伸ばし受け取ろうと思えば、あなたはいつでもお金を手にすることができるのです。

ですが、無意識のうちに、お金を受け取ることを拒《こば》んでしまう人がいます。生まれ育った環境でさまざまな思い込みを持ってしまい、自分にお金が流れ込んでくることをイメージできなくなっているのです。

あなたが潜在意識でどんなふうに思っていたとしても、お金のエネルギーは常に手の届く場所で流れています。

お金のエネルギーが、よどみなくあなたの元へ流れ込んでくるイメージをしてみてください。たくさんのお金があなたの元に引き寄せられている様子を思い浮かべてみてください。そして、「私はお金を受け取っていい」と心の中でつぶやいてみるのです。

すると、あなたにお金の流れがやってきます。**お金は許可をすることで入ってくるもの**なのです。

さぁ、自分に豊かさを許可してお金の流れを変えていきましょう。

魔法の言葉

68

8月8日は龍の日。

「8」という数字は龍を象徴する数字です。

8月8日は龍の数字が重なっているため、龍の日とされ、非常にスピリチュアルなパワーが充満する一日です。

この日はライオンズゲートが開く日とも言われています。

ライオンズゲートとは、宇宙の扉のことであり、この扉が開くことで、宇宙から光のエネルギーが降りてくるのです。

8月8日はライオンズゲートが開く日であり、ドラゴンズゲートが開く日です。

高次元の扉が開くことで、宇宙や龍神さまからのエネルギーが地上に降り注ぎます。

8月8日は龍神さまのエネルギーが、空気中に充満している日なのです。

そんな**8月8日には、静かに龍神さまのエネルギーを受け取りましょう**。

目を閉じて、ゆったりとリラックスすることで、龍神さまのエネルギーがあなたの体に浸透していきます。同時に、あなたに龍神さまの金運上昇のエネルギーが流れます。

穏やかな気持ちで、その豊かさを受け取ってください。

魔法の言葉
69

一番よいお金の使い道はお賽銭《さいせん》。

お賽銭は龍神さまに感謝の気持ちを伝える最高の方法です。

あなたが龍神さまに感謝しているなら、**いつもより多くのお賽銭を入れるようにしましょう**。金額が増えれば増えるほど、龍神さまはあなたの感謝の気持ちが大きいものだと感じます。

もちろん、**龍神さまがお金で動くわけではありません**。

お金は愛なので、お金を出したほうが、龍神さまにあなたの愛が伝わりやすいのです。たとえば、大切な人にプレゼントをするとき、安いものよりも、多少高級なもののほうが喜ばれますし、相手への感謝や愛が伝わります。それと同じように、龍神さまにもあなたの愛が伝わるのです。もちろん、無理をする必要はありません。あなたがちょっとがんばって出せる程度の金額でかまいません。

お賽銭を出すとき、「もったいない」という気持ちになっていませんか？　人間は龍神さまにたくさん助けてもらっているのに、お賽銭を「もったいない」と思うのは少し感謝が足りないと思います。

お賽銭を多く入れたほうが龍のご加護を受けやすいです。できる範囲で多くのお賽銭を賽銭箱に入れましょう。

魔法の言葉

70

お金の器が大きい人と会おう。

あなたの収入は、あなたのお金の器の大きさで決まってきます。

器が大きければ大きいほど、入ってくるお金も増えるのです。

お金の器を大きくしたいのであれば、お金の器が大きい人と会ってみてください。

お金の器が大きい人は、おそらくあなたとはまったく違う金銭感覚を持っています。

最初は「そんなにお金を使うの？」と驚くかもしれませんが、その体験があなたのお金の器をググッと押し広げてくれるのです。

自分のお金の常識を壊してくれる人と出会っていきましょう。そして一緒の時間を過ごしていけば、気づいた頃にはあなたのお金の器は見違えるほど大きくなっています。

お金の器は、風邪のように伝染します。あなたのお金の器を大きくしたいのであれば、あなたよりお金の器が大きい人と一緒にいましょう。

近くにそんな人はいない、という人は、書籍などでお金の器の大きい人の情報に触れましょう。

魔法の
言葉
71

人が喜ぶことにお金を使うと、お金は増える。

お金を自分自身の楽しみや喜び、学びのために使うことは素晴らしいことです。

お金を使って自分を満たしたら、次はまわりの人を満たすこともできるようになりますね。

まずは、自分に。自分が満たされたら、次は他人のためにお金を使ってください。

他人が喜ぶことにお金を使うと、お金が喜びます。

結果として、あなたの元に何倍にもなって返ってきてくれます。

他人の喜びのためにお金を使うと、お金は減るどころか逆に増えていくのです。

これを「お金の循環」と言います。

龍神さまはお金の神様であり、循環の神様です。

あなたがお金を支払ったら、龍神さまがそのお金をくるくるとらせん状に上昇させ、たくさんの人を喜ばせ、再びあなたの元へ還してくれる。

龍神さまはそのようにお金を循環させます。

こうして生まれるお金の好循環は、あなたをもっと素晴らしい世界へ連れていってくれます。これがお金の真実です。

第5章

シッカリと龍とつながる言葉

魔法の言葉72

りゅう。

龍神さまともっと仲よくなりたい、と思うならば、まずは龍神さまの名前を呼んでみてください。人間関係と同じで、名前で呼ぶことでより親密なコミュニケーションがとれるようになります。

ただ「りゅー」と呼ぶだけで、あなたは龍神さまとつながりやすくなり、あなたのエネルギーも龍の如く上昇していくでしょう。

龍神さまはいつでもあなたのそばにいるので、いつでも呼びかけてみてください。

朝、昼、晩、いつでも「りゅー」と口にしてみましょう。

今、実際に「りゅー」と言ってみてください。

なんだか、幸せな気持ちになってきませんか？

「りゅー」という言葉には、人を元気にするパワーがあるのです。

たったそれだけで、あなたの一日は幸せなものになることでしょう。

龍神さまのパワーを感じて、明るく元気な気持ちで過ごしてください！

せーの！「りゅー」

魔法の言葉
73

あなたは絶対「大《だい》丈《じょう》りゅー」

あなたは龍神さまに護られています。だから、どんなことがあっても大丈夫。

けれど、どんなに「大丈夫」といっても受け入れられないほど、深刻な悩みを抱えているときもありますよね。


そんなときは、「大丈夫」ではなく「大丈りゅー」と言ってみましょう。

ちょっとかわいらしい「大丈りゅー」という言葉は、あなたを明るい未来に導く魔法の言葉。あなたを深刻な状況から救い出し、心を解放してくれます。**心が明るく軽くなれば、そのエネルギーに合った明るい出来事が起こるのが宇宙の法則**です。


名前を呼んだ瞬間、その気持ちに応えてくれるのが龍神さまの愛情です。

「りゅー」という言葉同様、「大丈りゅー」という言葉にも、人を元気にさせるパワーがあるのです。


あなたはいつだって大丈夫ですし、いつだって龍神さまに護られています。

だから、あなたは絶対「大丈りゅー」なのです。

魔法の言葉 74

龍と共にあれ。

気づいていますか？　あなたのそばにいる龍神さまの存在に。

受け取れていますか？　あふれんばかりに降り注がれている龍神さまからの愛情を。

龍神さまはいつでもあなたを気にかけて応援していますが、**あなたの心が龍神さまに向いていなければ、その愛を受け取ることはできません**。

ですから、龍神さまのご加護を受けて人生を喜びでいっぱいにしたいなら、**あなたはいついかなるときも龍神さまと一緒にいることを忘れないでください**。

心を開いて、龍と共に生きていることを意識しましょう。

そして、常に龍と共にあるのだと、心に決めましょう。

常に護ってもらっていることを素直に喜び、そして感謝すれば、龍神さまはますます喜んで運気を上昇させてくれるでしょう。

龍と共にあれ。

魔法の
言葉
75

龍は常に無条件の
愛を送っています。

あなたがもし自分のことを低く評価していて、自分はダメな存在なんだと思っていたとします。

それでも、龍神さまは常にあなたのことを愛しています。

あなたがもし落ち込んでいて、焦りや嫉妬の感情にさいなまれていたとします。

それでも、龍神さまはそんなあなたをやさしく抱きしめています。

あなたがもし消えてしまいたいと思っていても、龍神さまはまるごとあなたを愛し続けます。

失敗しても、愚痴をこぼしても、やる気がなくなっても、龍神さまはそんなあなたをそっと見守っています。

龍神さまはそのままのあなたを無条件で愛しているのです。

大丈夫、大丈夫、平気、平気と、穏やかな気持ちであなたを抱きしめているのです。

そのことを、どうか忘れないでください。

魔法の言葉

76

私はいつだって
龍に導かれている。

現状に不満や不安を感じているとき、一歩踏み出す勇気を持つことは簡単ではありません。

でも安心してください。あなたは龍神さまに導かれています。

どんなに悩んでいても、選択に迷っていても、**龍神さまはあなたが進むべき方向を示してくれている**のです。

だからあなたは、何も考えずにリラックスしてください。

まるで**水の上をプカプカと浮かんでいるかのように力を抜いて**いてください。

すると、不思議なご縁や幸運、シンクロニシティなどが起き始めます。

これらはすべて、龍神さまによって導かれているのです。

いつだって導かれていると信じてください。

あなたにはすでに龍神さまの流れが来ているのです。

あっという間に人生が変わります。

ワクワクしながら、これからの展開を楽しみにしてください。

魔法の言葉

77

目に触れるすべては龍からのメッセージ。

あなたが目にするものすべてに、龍神さまからのメッセージが込められています。

たとえば、**テレビやラジオからの情報、友人との会話、車のナンバー、時計の時刻など、ありとあらゆるものにメッセージが潜《ひそ》んでいる**のです。

ですからあなたは、龍神さまのメッセージを受け取るために特別な修行をしたり、難しい経典を読んだりする必要はありません。

ただシンプルに、「すべてのものが龍神さまからのメッセージ」と思ってまわりを見渡せばよいのです。

すると、あなたを取り巻く日常がすべて愛だと気がつくでしょう。

龍はいつだってあなたにメッセージを送っているのです。

この本には、そんな龍神さまのメッセージを詰め込みました。

あなたが何気なく開いたページに書かれた一文は、特に龍神さまが今のあなたに伝えたいメッセージですよ。

魔法の
言葉
78

ドラゴンダンス♪

落ち込んでいるときに、やってはいけないことがひとつだけあります。それは「**落ち込んでいる原因を追求すること**」です。

原因を追求しようとすると、「なんで」「どうして」という言葉を使ってしまいがちです。「なんで」「どうして」を使うと自分を責めてしまいます。

ですから、落ち込んでいるときに原因を追求すると、必然的に自分を責めることになります。すると、ますますエネルギーを落としていってしまいます。

原因を追求するのは心が元気になってからでも遅くはありません。

落ち込んでいるときにまず行うことは、心と体を動かすことなのです。

おすすめは、龍のように舞うドラゴンダンス♪

龍神さまになりきって体を動かせば、たちどころに心が軽くなり、運気にも弾みがついてきますよ。

さぁレッツドラゴンダンス♪

私のＹｏｕＴｕｂｅで、ドラゴンダンスを実演しています。ぜひ下の二次元コードから動画を見てくださいね。

魔法の言葉 79

龍神祝詞《のりと》

高天原《たかまがはら》に坐《ま》し坐《ま》して
天《てん》と地《ち》に御働《みはたら》きを現《あらわ》し給《たも》う龍王《りゅうおう》は
大宇宙根元《だいうちゅうこんげん》の御祖《みおや》の御使《みつか》いにして
一切《いっさい》を産《う》み一切《いっさい》を育《そだ》て
萬物《よろずもの》を御支配《ごしはい》あらせ給《たも》う王神《おうじん》なれば
一二三四五六七八九十《ひふみよいむなやこと》の十種《とくさ》の
御寶《みたから》を己《おの》がすがたと變《へん》じ給《たま》いて
自在自由《じざいじゆう》に天界地界人界《てんかいちかいじんかい》を治《おさ》め給《たも》う

龍王神《りゅうおうじん》なるを尊《とうと》み敬《うやま》いて
眞《まこと》の六根《むね》一筋《ひとすじ》に御仕《みつか》え申《もう》すことの由《よし》を受引《うけひ》き給《たま》いて
愚《おろか》なる心《こころ》の数々《かずかず》を戒《いまし》め給《たま》いて
一切衆生《いっさいしゅじょう》の罪穢《つみけがれ》の衣《ころも》を脱《ぬ》ぎ去《さ》らしめ給《たま》いて
萬物《よろずもの》の病災《やまい》をも立所《たちどころ》に祓《はら》い清《きよ》め給《たま》い
萬世界《よろずせかい》も御祖《みおや》のもとに治《おさ》めせしめ給《たま》えと
祈願《こいねがい》奉《たてまつ》ることの由《よし》をきこしめして

六根《むね》の内《うち》に念《ねん》じ申《もう》す大願《たいがん》を成就《じょうじゅ》なさしめ給《たま》えと
恐《かしこ》み恐《かしこ》み白《もう》す

――龍神祝詞は古くから伝わる、龍とシッカリつながるための祝詞です。折に触れ、心を込めてお唱えしましょう。

魔法の言葉80

龍さん、愛してます。

龍神さまとつながりたいならば、高波動の言葉を使いましょう。

この世界でもっとも波動の高い言葉は、「愛してます」という言葉。

龍神さまに向かって「愛してます」と伝えると、龍とのつながりもますます深まります。

たとえば、龍神さまにまつわる神社を訪れたら、「龍さん、愛してます」と心の中でつぶやいてみてください。

自宅に龍の置物や絵がある場合は、その置物や絵に向かって「龍さん、愛してます」とつぶやいてみてください。空を見上げて龍のような雲が出ていたら、「龍さん、愛してます」とつぶやいてみてください。

「龍さん、愛しています」は最強の言霊《ことだま》。龍の力で人生が大きく好転します。

「龍さん、愛しています」と言ったあなたは、龍神さまと共鳴し、より深く結びつくことができます。

何度伝えても龍神さまは喜んでくれます。

龍神さまに、世界で一番波動の高い言葉で語りかけましょう。

「龍さん、愛してます」

魔法の言葉

81

「気のせい」をやめよう。

あなたは、すでに龍神さまを感じる能力を持っています。

こういうと、私にはそんな特別な能力はないと否定する方がいるかもしれません。

ですが、間違いなくあなたはもうすでに能力の持ち主なのです。

もしも能力を実感できていないのなら、それはたとえ龍神さまを感じていても「こんなものは自分の気のせいだ、勘違いだ」と否定してしまっているからではないでしょうか。

せっかく龍神さまを感じていても、ないものにしてしまっては、もったいない。

自分の感じた感覚を大切にしましょう。

自分の感覚を否定していると、たとえ龍神さまがあなたに近づいてきたとしても、それを感じることができません。

せっかくある能力にフタをしてしまうような状態です。

ですからまずは、自分の感覚を肯定し、龍神さまに心を開きましょう。

心の扉を開いていれば、龍神さまはその扉からあなたの元へやってきてくれます。

魔法の
言葉
82

「ふと」感じたこと
を大切にする。

「ふと」そう思った。「ふと」そぅ感じた。「ふと」やりたくなった。「ふと」やめたくなった。

こうした「ふと」したことは虫の知らせと呼ばれていますが、実は「**龍神さまからの知らせ**」なのです。

龍神さまがこちらに伝えているメッセージを、あなたは「ふと」した直感で受け取っています。

この「ふと」した直感を大切にしてください。

朝起きたとき、お風呂に入ったとき、トイレに入ったとき、仕事や家事が終わってホッと一息ついたとき、「ふっ」と降りてくる直感に、龍神さまからのメッセージがあります。

この「ふと」感じたことを大切にしないと、龍神さまからのメッセージが受け取れません。「ふと」降りてきた直感は龍神さまからのメッセージだと思って、**即座にメモを取ったり、スマホに記録したりしましょう**。

後々になって、「あ、このことだったのか！」とびっくりするはずです。

「ふと」感じたことを見逃さず大切なメッセージだと思って、龍神さまとのコミュニケーションを深めましょう。

魔法の
言葉
83

龍よ、ここに来て！

龍神さまは呼んだら来てくれます。


にわかには信じがたいかもしれませんが、これは事実です。

龍に詳しい人たちは皆、口をそろえて「龍は呼んだら来てくれるよ」と言っています。


あなたに霊感や特殊な能力がなくても、龍神さまは呼んだら来てくれるのです。

事あるごとに龍を呼んでみてください。

うれしいとき、楽しいとき、困っているとき、悩んでいるとき、いつでも龍神さまを呼んでみてください。

きっと、一目散に飛んできて、あなたの助けになってくれるでしょう。

そして、あなたに有益な出来事を起こしてくれるでしょう。


龍神さまはまるでアラジンのジーニーみたいな存在。

あなたの味方になって、助けになってくれます。

龍神さまを呼びだす合言葉はとってもカンタン！

「龍よ、ここに来て！」

魔法の言葉

84

龍よ、我に力を与えたまえ！

これだけは、ぜひ覚えておいてください。

龍神さまを頼ることは悪いことではありません。

むしろ**龍神さまはあなたからもっと頼られたがっている**のです。


あなたがここ一番の力を発揮しないといけないときには、龍神さまに力を貸してほしいと頼みましょう。


「龍よ、我に力を与えたまえ！」と唱えると、あなたの心には勇気が宿り、全身には力がみなぎり、頭は冴《さ》えて、すべてのことがうまくいくと、ごく自然に思えるようになります。

無駄な力《りき》みや心配が消え、本来の力を取り戻すことができたあなたは、高い潜在能力を発揮できるでしょう。


龍神さまの力を借りて、あなたが本来持っている素晴らしい才能を覚醒《かくせい》させてください。

それが龍神さまの望みです。

ピンチのとき、いざというとき、天に顔を向けて唱えましょう。

「龍よ、我に力を与えたまえ！」

魔法の言葉

85

私は今、龍と
つながります。

さぁ、いよいよ龍神さまとつながるときが来ました。

あなたは、龍神さまとつながる準備がすでにできています。

あなたがこの文章を読んでいるということは、龍神さまがあなたを選んだのです。

龍とつながるのにふさわしい存在だと、龍神さまが選んだのです。


ここまでたどり着いたあなたは、過去のつらかった経験や失敗を振り返り、こう気づくことでしょう。

すべての経験は龍神さまとつながるために起こったのだと。

これを深い部分で理解したとき、本当の意味で、あなたは龍神さまとつながる準備が整ったことになります。


さぁ、声高らかに口に出してください。

「私は今、龍とつながります」

あなたに龍神さまのご加護がありますように。

魔法の言葉

86

あなたには
パワーがある。

龍神さまとつながると、あなたにある変化が訪れます。**あれだけ見たい、感じたいと思っていた龍神さまのことを、意識しなくなってくる**のです。

龍神さまを過剰に神聖視しているときは、龍のことが気になって仕方がないかもしれません。

ですが、一度龍神さまとつながると、本当の意味で龍神さまがいつでも自分と共にいるとわかるので、自分自身にパワーがあることに気づきます。

あなたがこれまで、**龍神さまに見出していたパワフルさは、実はあなた自身の中に眠っていたパワーだった**のです。

これに気づくことが、龍神さまがもっともあなたに求めていることです。

龍神さまとのつながりをきっかけに、あなた自身のパワーを思い出す。

これこそが、龍神さまの求めていることなのです。

あなたにはパワーがある。

龍神さまはあなたのそばで、そう語りかけています。

魔法の言葉
87

人生の主人公は
あなた自身。

あなたがあなたの人生を生きるとき、龍神さまはより一層のパワーをあなたに授けてくれます。

するとあなたは、さらに自分らしい人生を生きることができます。それを龍神さまは願っています。

あなたの人生の主人公は、あなた自身。決して龍神さまではありません。

龍神さまは主人公のあなたを輝かせるために伴走してくれる友人であり、サポーターなのです。

あなたがやるべきことは、あなた自身に目覚めること。

あなたが本来のあなたに目覚めること。

あなたが本当の意味で、あなたらしく生きること。

今世でやるべきことは、ただそれだけです。

生まれる前に決めてきたこと、この地球に降り立った意味がそこにあります。

あなた自身に目覚めてください。人生の主人公は、あなた自身です。

魔法の言葉
88

龍として生きる。

あなたがあなたに目覚めるとき、「私は龍なのだ」と気づきます。

あなたの中に龍はいます。
そして、あなた自身が龍なのです。

あなたと龍神さまは同じ存在。
あなたは龍神さまともともとひとつだったことを思い出します。
あなたは龍であり、これからは、あなたは龍として生きるのです。

龍として生きる。

あなたは龍なのです。

おわりに

最後までお読みいただきありがとうございました。

一冊の本を最初から最後まで読み通すには、大変な時間と労力がかかります。あなたの時間をこの本に割いていただいたことに、心から感謝を申し上げます。

「はじめに」でお伝えした通り、ぜひ、あなたの身近な場所にこの本を置いておいてください。

そして、迷ったり、悩んだり、元気が欲しいと感じたりしたときはこの本を手に取り、目を閉じてページをパラパラとめくってください。そして、ピンと来たところで手を止め、そのページを開いてください。そこに、あなたへの龍からのメッセージがあります。

そして、龍からのメッセージの受け取り方を、もっともっとあなたにお伝えしたいと思っています。

本書を手に取っていただいたあなたのために、私からの「ありがとう動画」を無料でプレゼントいたします。

おわりに

これは、著者である私ＳＨＩＮＧＯが、本書の「幸せ言葉88」をあなたのために読み上げていく動画です。

「大丈夫」「絶対大丈夫」などの言葉を、実際に私が声に出してあなたにお届けします。私の声を通して「幸せ言葉」を感じてもらうと、より一層、心に響きます。本書と合わせて活用していただけますと幸いです。

また、「ありがとう動画」には、「本書をどのように活用したらいいのか」「私が龍とどのように出会ったのか」「龍とお話しするにはどうしたらいいのか」などなど、龍に関するお話をたくさんさせてもらいました。

左下の二次元コードから、ＬＩＮＥ公式アカウントにご登録いただけますと、「ありがとう動画」が届きます。私からあなたへの感謝の気持ちをたくさん込めました。ぜひ、ご登録をお願いいたします。

さて、本書を気に入ってくださった方へのお願いです。ぜひ、私のソーシャルメディア（ＹｏｕＴｕｂｅ、ブログ、Ｉｎｓｔａｇｒａｍ、Ｘ［旧Ｔｗｉｔｔｅｒ］、Ｖｏｉｃｙ）をご覧ください。日々、龍神さまに関する情報を発信しています。こちらも無料ですので、ぜひ、あなたの人生にお役立てください。

また、私はリアルの場でみなさんとお会いする機会をたびたび設けています。講演会情報などはSNSで随時発信しています。SNSをフォローしていただき、ぜひ、リアルな場でお会いしましょう。

あなたが幸せになりますように。
あなたに幸運が流れ込みますように。
あなたと龍神さまのご縁が深まりますように。

ずっと、ずっとお祈りしています。

これからもどうぞ、よろしくお願いいたします。

2023年10月

龍と海と富士山がよく見えるオフィスにて　SHINGO

※本書の印税は龍神伝説がある玉置神社・令和の大改修の工事費用に、奉賛金として「全額寄付」させていただきます。

光文社
SHINGO の本

（2023 年 9 月時点の定価、いずれも四六判ソフトカバー）

『夢をかなえる龍』

ブラック企業のうつ病サラリーマンが、龍に導かれて再出発する実話を基にした愛と癒しの物語。SHINGO のデビュー作。

定価：1,540 円（税込み）
ISBN 978-4-334-95104-7

『お金を呼び込む龍』

当時の僕は、お金の悩みのどん底にいました。その 3 年後――気がついたら、年収 1 億円になっていました。世界が絶賛する日本人スピリチュアリストが初めて明かす人生を大・大・大逆転させる方法。

定価：1,540 円（税込み）
ISBN 978-4-334-95209-9

『マンガ 夢をかなえる龍』

（原作：SHINGO、マンガ：今谷鉄柱事務所）

しがないサラリーマンが、龍に導かれて人生を再生。1 億円を軽やかに呼び込む世界的ドラゴンマスター SHINGO のデビュー作をマンガ化

定価：1,540 円（税込み）
ISBN 978-4-334-95290-7

SHINGO（シンゴ）
龍を呼び、龍をつなぐドラゴン・マスター。14年間勤めたブラック企業を、ストレスによる「うつ病」により退社。心のリハビリのために訪れた和歌山県・高野山奥之院で「龍神」を視たことをきっかけに、龍が「視える」ようになる。人と龍をつなぐ個人セッション「龍つなぎ」を開始。あっという間に大人気となる。大規模スピリチュアルイベント「癒しフェア」に複数回出演し「ドラゴン・アクティベーション」というワークを披露、立ち見が出るほどの大盛況となる。さらに、アメリカ・中国の世界的スピリチュアルエキスポに出演。「ドラゴン・アクティベーション」は絶賛され、「The grand general of dragons（龍の大将軍）」と呼ばれた。また、成田山新勝寺の参道にて、龍の開運ショップ「龍神さまの開運堂」を運営。地上波テレビで1時間の冠番組を持つなど、国内外で幅広い活躍を見せる。著書に、『夢をかなえる龍』『お金を呼び込む龍』『マンガ 夢をかなえる龍』（以上、光文社）、『龍神のすごい浄化術：邪気すらスーッと消えていく！』『龍神のすごい開運日：幸運が連鎖する開運アクションが満載！』（ともに、三笠書房《王様文庫》）、『龍のごとく運気が上昇する 新しい時代の神社参拝』（KADOKAWA）がある。

読《よ》むだけで幸運《こううん》が流《なが》れ込《こ》む
龍神《りゅうじん》さまの幸《しあわ》せ言葉《ことば》８８

2023年11月30日　初版１刷発行

著　者　SHINGO
発行者　三宅貴久
発行所　株式会社 光文社
〒112-8011　東京都文京区音羽1-16-6
電話　編集部 03-5395-8147　書籍販売部 03-5395-8116　業務部 03-5395-8125
落丁本・乱丁本は業務部へご連絡くだされば、お取り替えいたします。
印刷所　萩原印刷
組版　萩原印刷
製本所　ナショナル製本

ISBN 978-4-334-10141-1